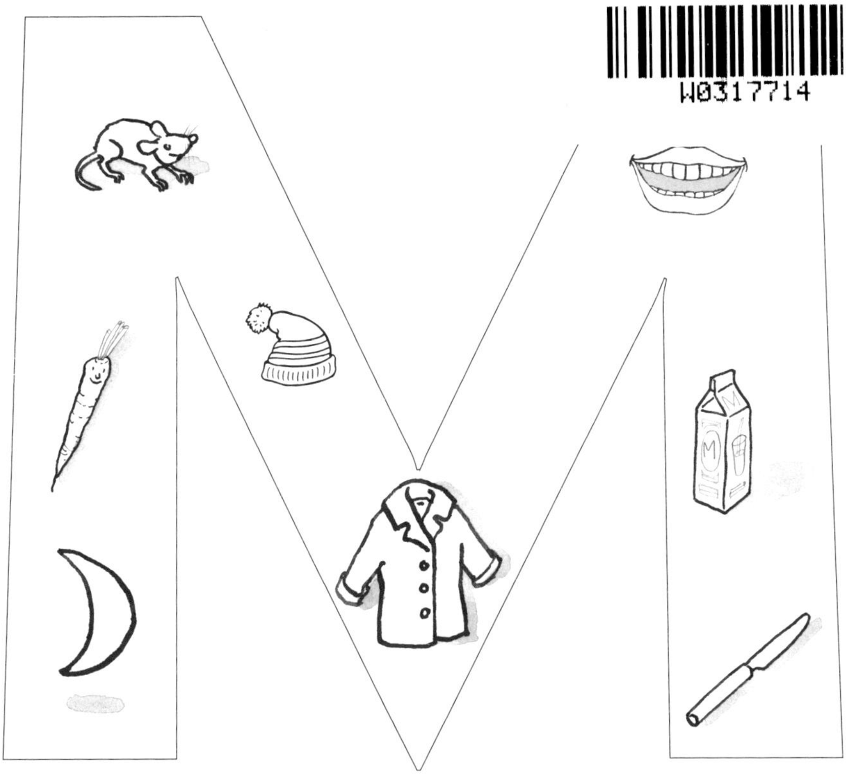

Mimi

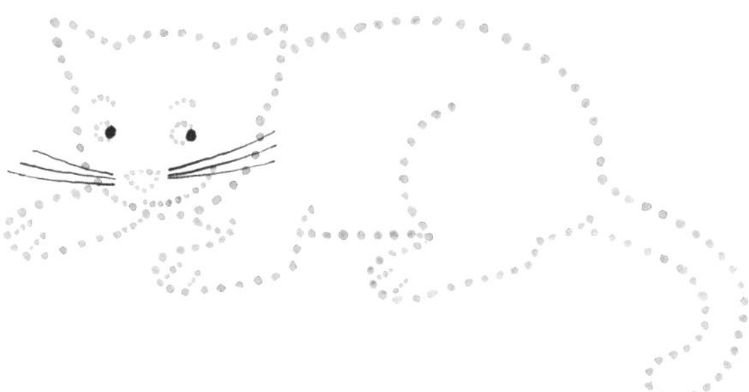

Mi

mi

M	i		

ab Fibelseite 7: **oben** Ausmalen der Bildchen (passend zum Anlaut)
unten Nachspuren der Buchstaben, Ergänzen der Endsilbe, Nachfahren und Ausmalen der Mimi, Malen eines eigenen Bildes von Mimi in den leeren Rahmen

A
a

ist

Mama

Ma

ma

M	a		

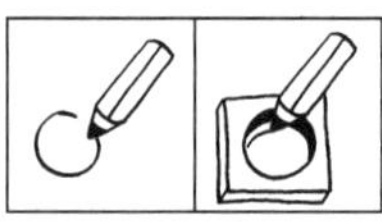

Mia ist am Mia

am ist ist

Mia Mia am

ist am ist

ab Fibelseite 11: **oben** Nachspuren der Buchstaben, Ergänzen der Endsilbe, Nachfahren und Ausmalen der Mama, Malen eines eigenen Bildes oder Einkleben eines Fotos von Mami in den leeren Rahmen
unten Umkreisen des Ganzwortes „ist“ mit der Schablone, Tipp: Umkreisen von „am“ usw. mit anderen Formen der Schablone

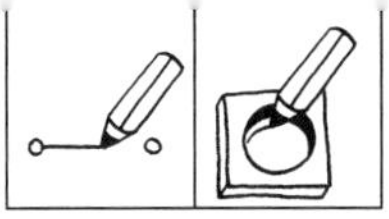

Mia Mami Mimi

☐ Mami ist am 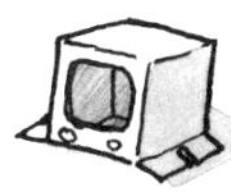 .

☐ Mia ist im 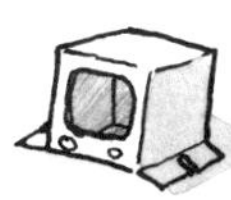 .

☐ Mimi ist im 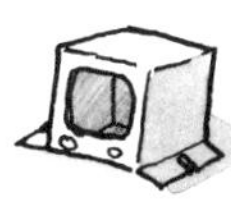 .

ab Fibelseite 11: **oben** Verbinden von Wort und Bild mit der Schablone, Ausmalen der Bilder
unten Ankreuzen der richtigen Sätze, Ausmalen des Bildes

P p

O o

Papa

Pa

pa

P	a		

Opa Oma

	p	a

	m	a

ab Fibelseite 15: **oben** Nachspuren der Buchstaben, Ergänzen der Endsilbe, Nachfahren und Ausmalen des Papas, Malen eines eigenen Bildes oder Einkleben eines Fotos von Papa in den leeren Rahmen
unten Nachspuren der Buchstaben, Ergänzen der Anlaute, Nachfahren und Ausmalen des Opas und der Oma

Opi

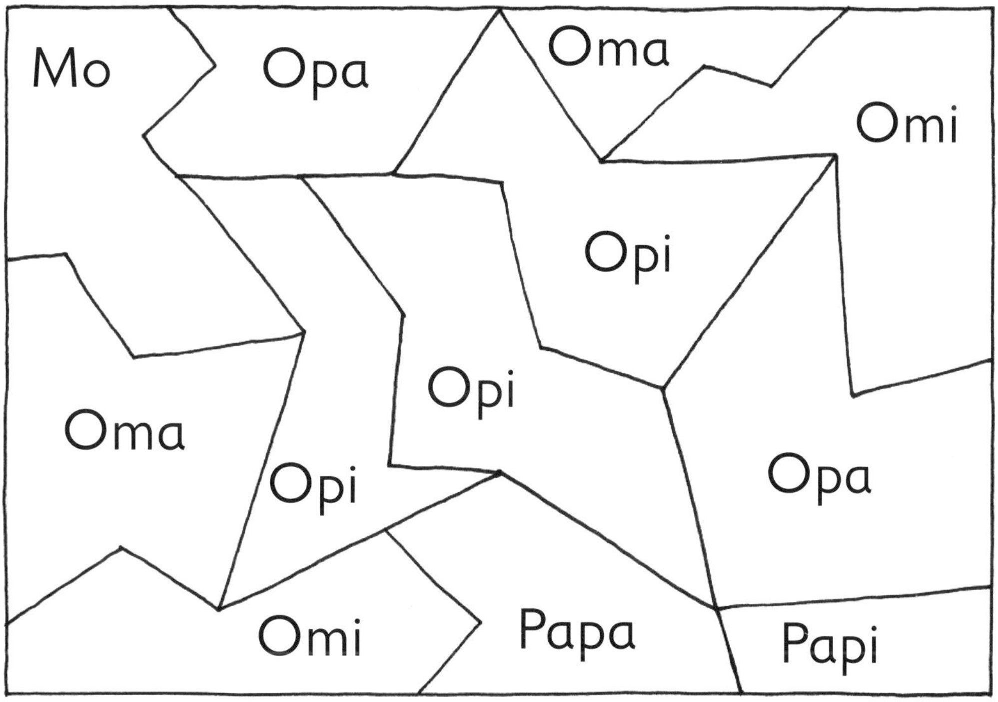

Papa ist am .

Omi ist am .

Mo ist im .

P p

O o

ab Fibelseite 15: **oben** Ausmalen der Felder mit dem Wort „Opi“; Lösung: Stern
unten Vervollständigen des Bildes entsprechend den Sätzen

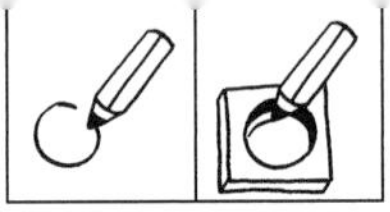

ruft ruft im am

am am im

ist ruft am

ist am ruft

Opa ruft: Oma!

Mia mit  .

Mia ruft: Papi!

ab Fibelseite 17: **oben** Verwenden der Schablone, Kennzeichnen des Wortes „ruft" mit Dreieck,
Tipp: Umkreisen von „am" und „im" mit anderen Formen der Schablone
unten Lesen der Sätze, Vervollständigen der Bilder und Beschriften der Sprechblasen

Mia ist im  .
Mimi ist am .

Mia ruft: Mimi!

Mimi ist im  .
Mo ist am .

Mia ruft: Mo!

Mia ist im  und Mimi ist im 
und Mo ist im  .

ab Fibelseite 17: Lesen einer Bildgeschichte, Ausmalen der Bilder und Beschriften der Sprechblasen entsprechend den Sätzen

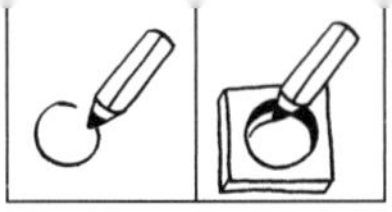

N n

und

sind

sind ruft und sind

und und sind

ruft im am ist im

am und sind und

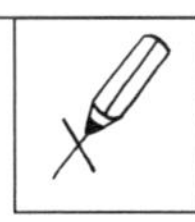

- ☐ Ina und Amon sind im  .
- ☐ Ina und Amon sind am  .

- ☐ Opa und Nina sind im  .
- ☐ Opa und Mo sind im  .

ab Fibelseite 23: **oben** Verwenden der Schablone, Kennzeichnen der Worte „sind" mit Viereck sowie „und" mit Achteck, Tipp: Umkreisen der übrigen Wörter mit anderen Formen der Schablone
unten flüsterndes Erlesen der Sätze, Ankreuzen der richtigen Aussage, Ausmalen der Bilder

N n

und

sind

Mimi ist am  und Mo ist im  .

Mama und ____ sind im  .

Ina und ____ sind am 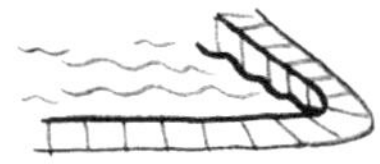 .

Oma und ____ sind im  .

ab Fibelseite 23: **oben** Lesen des Satzes, Vervollständigen der Bilder
unten Ausmalen des Bildes, Vervollständigen der Sätze

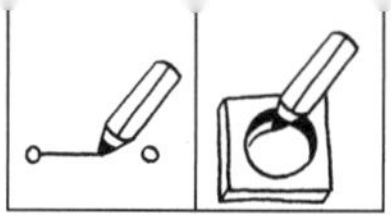

A M I O P N

Mia ruft: Omi!
Omi ruft: Opa!

Opi ruft: Papa!
Papi ruft: Mimi!

ab Fibelseite 25: **oben** Malen der Lautbilder, Verbinden von Bild und Buchstaben mit der Schablone
unten Eintragen der Ausrufe in die Sprechblasen, Ausmalen der Bildgeschichte

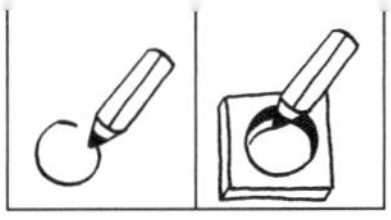

ist Mia ist am  . 

ruft Papa ruft: Mia! 

sind Oma und Ina sind im  . 

und Mami und Papi … 

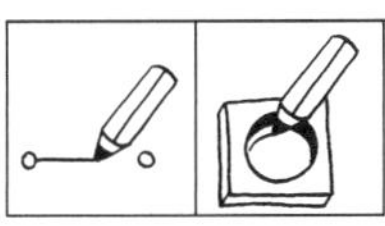

Amon ruft: Ina!

Ina ruft: Papa!

Amon und Ina
sind am 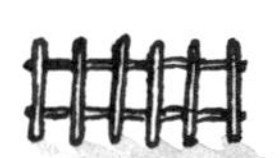 .

ab Fibelseite 25: **oben** Finden der Ganzwörter im Satz und Umfahren mit der Schablone
unten Zuordnen von Satz und Bild, Verbinden mit der Schablone, Ausmalen der Bilder

T
t

L
l

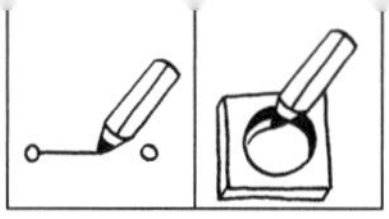

Mimi mit Mo

Mami mit Papi

Opa mit Oma

Nina mit Ina

Tim malt  .
Lina malt ☆☆☆ und ♡♡♡.
Tilo malt ☺☺☺ und ☹☹☹.

ab Fibelseite 29: **oben** Zuordnen von Wortgruppe und Bild, Verbinden mit der Schablone, Ausmalen der Bilder
unten Lesen der Sätze, Malen nach Satzinhalt

T
t

L
l

Tim malt Tilo
mit lila ,
mit lila 
und mit lila .

Tim ruft:
Tilo in Lila!

Tilo ruft: Na toll, Tim!

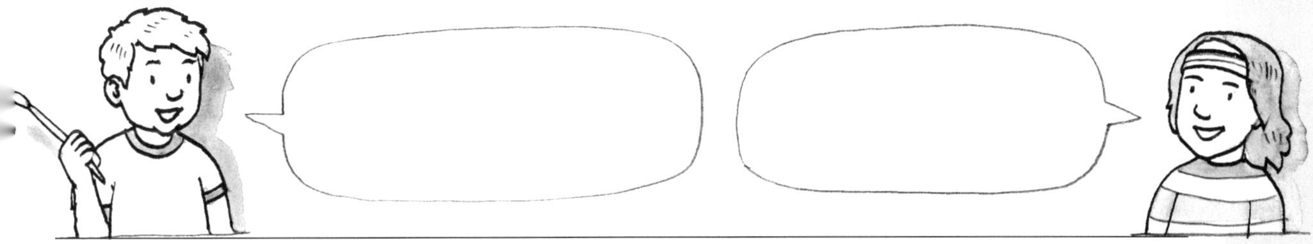

Lina malt lila.

Lina malt Amon
mit lila A.

Lina malt Mimi.

Ist Mimi im lila ?

Ist Mimi im lila ?

Lina malt
Mimi im lila .

ab Fibelseite 29: **oben** Lesen der Sätze, Malen nach Satzinhalt und Beschriften der Sprechblasen
unten Lesen der Sätze und ergänzendes Malen nach Satzinhalt

U
u

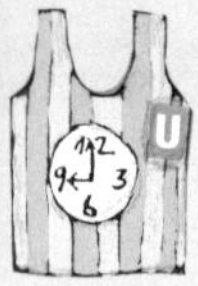

E
e

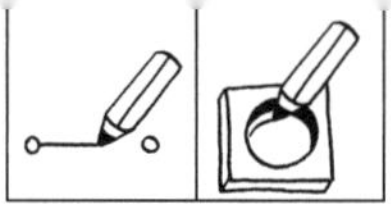

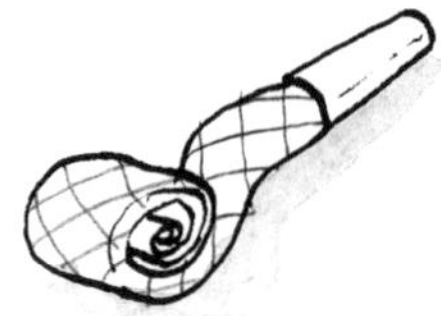

Tute

Tinte

Tomate

Lupe

Ente

Tulpe

Ampel

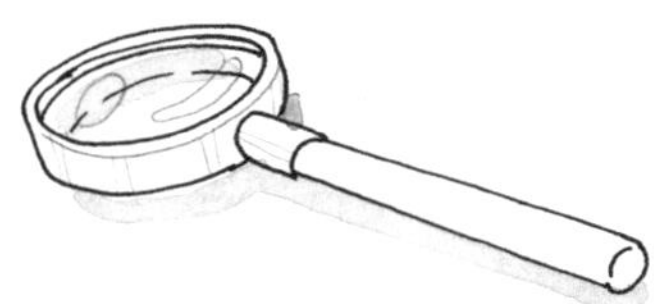

Male:
Muli ist am .
Muli ruft I a – I a!

Male Mimi lila an.
Mimi ruft: Toll!

ab Fibelseite 33: **oben** Zuordnen von Wort und Bild, Verbinden mit der Schablone, Ausmalen der Bilder
unten Lesen der Sätze, ergänzendes Malen nach Satzinhalt, Beschriften der Sprechblasen

Alle malen mit .

Toll, Uli malt mit .

Male nun mit :
Melonen, Palmen und Tomaten.

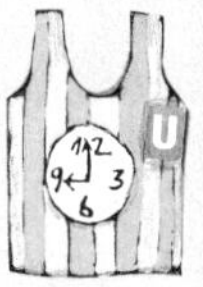

Melone

Palme

Tomaten

Male 3 Enten.
Alle Enten sind
im .

Male 2 Puppen mit
tollen .

Male lila Limo
mit .

ab Fibelseite 33: **oben** Malen der Melone, Palme und Tomaten mit Schablone
unten Lesen der Aufträge, Malen eigener Bilder nach Anweisung

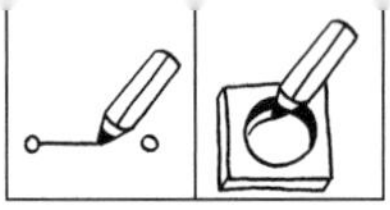

Male nun so:

Esel

Tasse

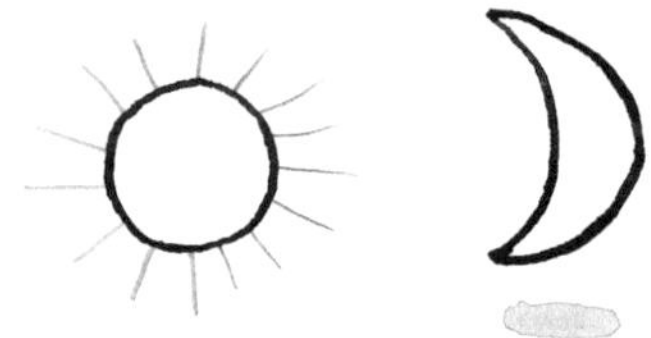

Sonne

Selina

Salat

Sessel

lesen

malen

tippen

essen

- [ ] Anne ist in Ananas.
- [ ] Anne ist in Susanna.
- [ ] Anne ist in Name.
- [ ] Anne ist in Tanne.

Selina und Nele sind am  .
Nele soll lesen und malen. Male mit Nele.

Male nun
alles mit  :
Sonne, Tanne,
Ampel, Ananas.

ab Fibelseite 35: **oben** Ankreuzen der korrekten Aussage, Malen des Antwortbildes
unten Malen von Bildern nach Vorgabe in den leeren Bildschirm, Malen mit der Schablone

Alle lesen und malen! Male mit Mimi:

3 rote Tulpen

einen lila Roller

einen lila Turm

eine rosa Torte

einen Teller mit Reis

3 lila Murmeln

einen Sessel mit Muster

ein rotes Eis mit Rosinen

ab Fibelseite 39: Lesen der Wortgruppen, Zeichnen entsprechend den Vorgaben

Ein Ei

Mia ruft: Ein Ei ist
im Nest. Leise, leise!

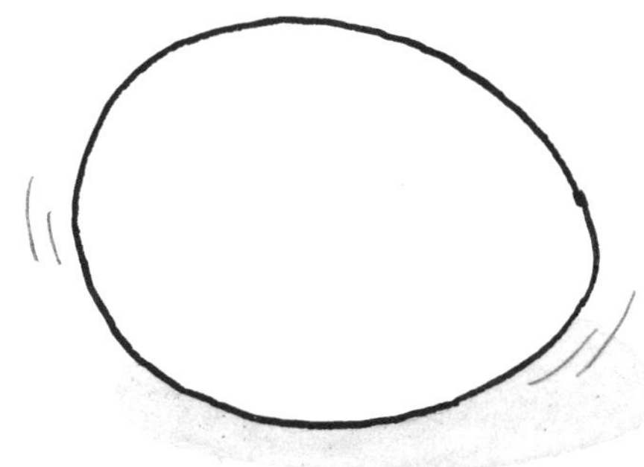

Pit, pit, pit.
Am Ei ist nun ein  .

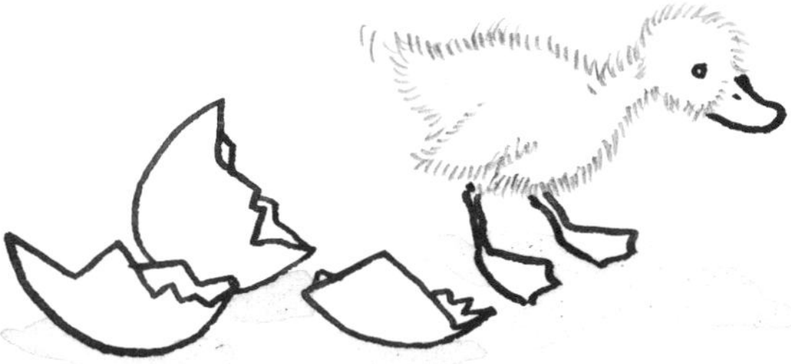

Ein Entlein ist im Ei.
Pit, pit, pit!,
so ruft es immer.

Ente und Entlein
eilen an einen roten  .
Mimi muss mit.

R
r

Ei
ei

ab Fibelseite 39: Lesen der Bildgeschichte, Vervollständigen und Ausmalen der Bilder entsprechend dem Text

H
h

D
d

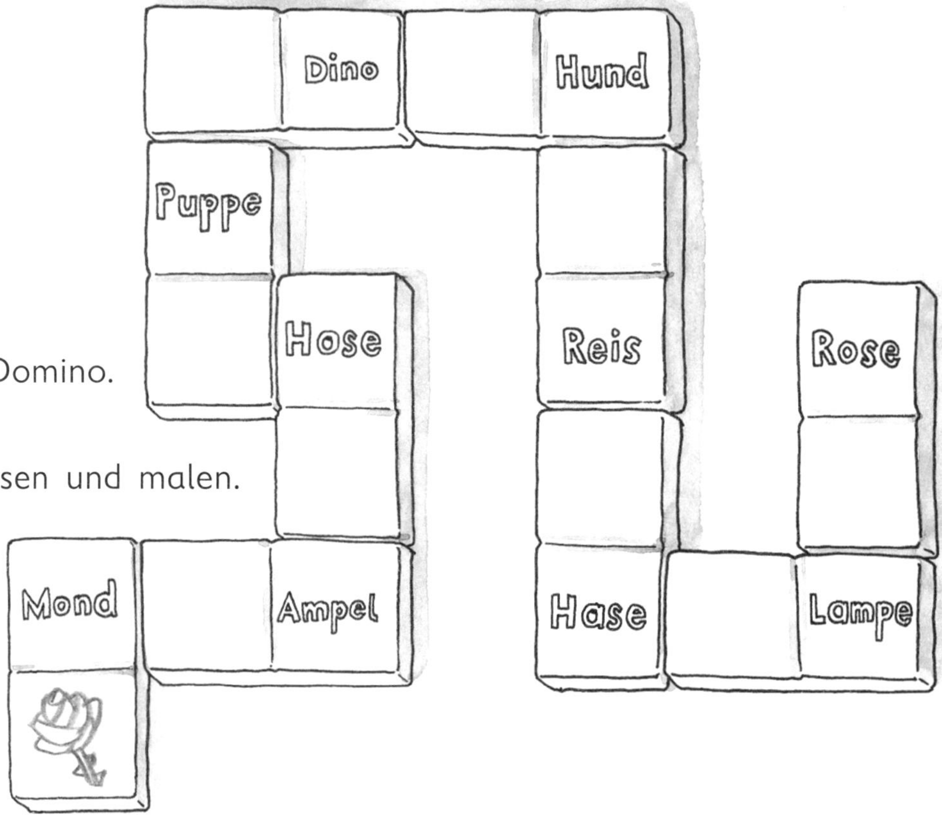

Das ist ein Domino.
Das Domino
muss man lesen und malen.

Das sind Pia, Papa und Mimi.
Male Papa einen tollen Hut.
Male Mimi einen roten Hut.

Tim hat einen Roller mit Hupe.
Der Roller ist rot.
Seine Hupe ist rosa.

---

ab Fibelseite 43: **oben** Lesen und Ergänzen des Dominos
unten Lesen der Sätze und Ergänzen der Bilder nach ihrem Inhalt

H h

D d

Das ist ein Dino.
Der Dino hat drei rote Linien am Hals.
Er hat einen rosa Mund
und das Horn an seiner Nase ist lila.

Hannes hat in einer Hand
eine Dose mit Sahne.
Seine andere Hand nimmt ein Messer.
Er soll eine rosa Torte in 8 Teile teilen.

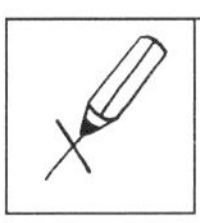

Ist das so?

- [ ] Drei Personen sind in der Halle.
- [ ] Amon holt eine Matte.
- [ ] Lina, Nina und Hannes rennen.
- [ ] In der Halle sind drei Seile.
- [ ] Hannes ist am Seil.
- [ ] Nein, Selina ist am Seil.

ab Fibelseite 43: **oben** Lesen der Sätze und Ergänzen der Bilder nach ihrem Inhalt
unten Lesen der Aussagen, Vergleichen mit dem Bild, Ankreuzen der richtigen Sätze, Ausmalen des Bildes

W

w

Was ist das?

Ist das

☐ ein Wal

☐ eine Wand

☐ ein Wald

☐ eine Walnuss?

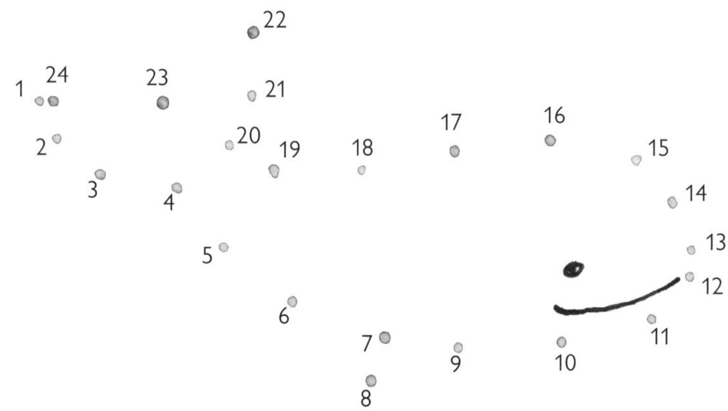

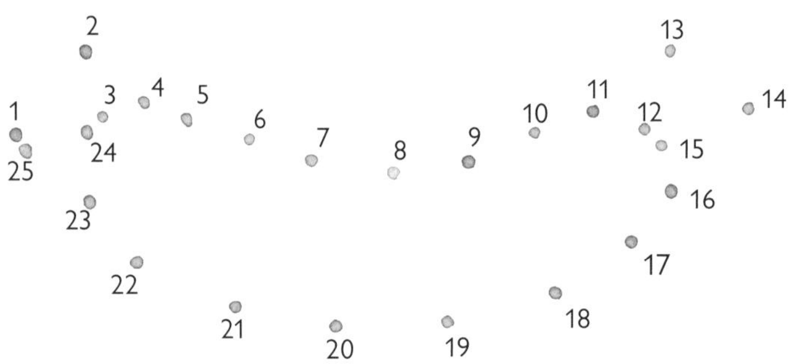

Ist das

☐ eine Wurst

☐ eine Welle

☐ ein Wurm

☐ eine Wanne?

Ist das

☐ eine Wippe

☐ eine Welt

☐ ein Windhund

☐ eine Windel?

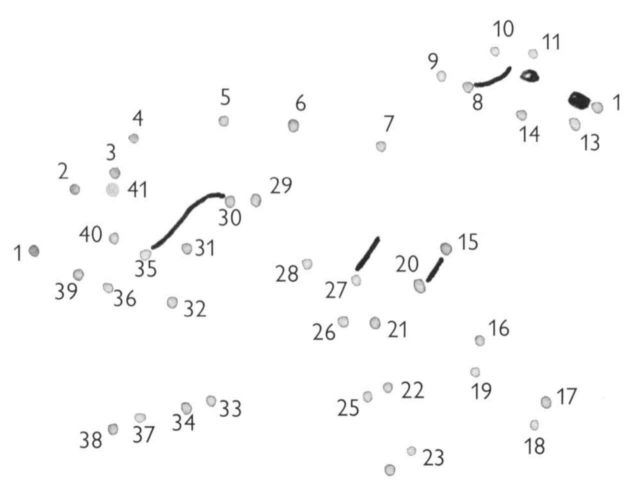

Nanu?
Wer ist denn das?
Er hat drei Nasen.
Sein Mund ist rot und rund.
Sein Haar ist lila Wolle, es ist wild.
Wo ist denn sein Ohr?
Male ihm ein weiteres Ohr!
Oh weh, er hat nur einen Arm
mit einer rosa Hand.
Willst du ihm einen oder
mehr Arme malen?

Wo der wohl wohnt?

Hast du eine Idee?

Male mit  sein !

Das  hat eine rote 

und drei .

Ein  ist rund.

Male nun allein weiter!

Ist das Haus im Wald

oder am Wasser?

ie

F

f

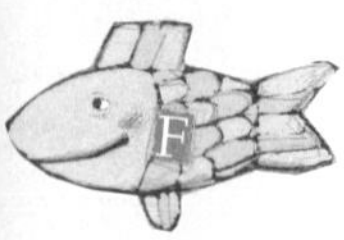

Opa, Amon und Ina sind im .
Sie sehen die Tiere und den Riesen.

Das sind 2 Riesen.
Was ist hier und dort anders?
Male es rot an.
Du musst 6 Mal etwas anmalen.

Finde die Namen der Tiere.

Hier sind:

- ☐ ein Elefant
- ☐ ein Wolf
- ☐ ein Falter
- ☐ ein Affe
- ☐ ein Fohlen.

ab Fibelseite 51

Male nur mit den runden Formen.

Male die Wiese toll an.
Hier hast du ein paar Ideen:
Male eine Sonne, male noch mehr , male ein Tier.
Willst du einen Hasen malen oder einen runden Hund?

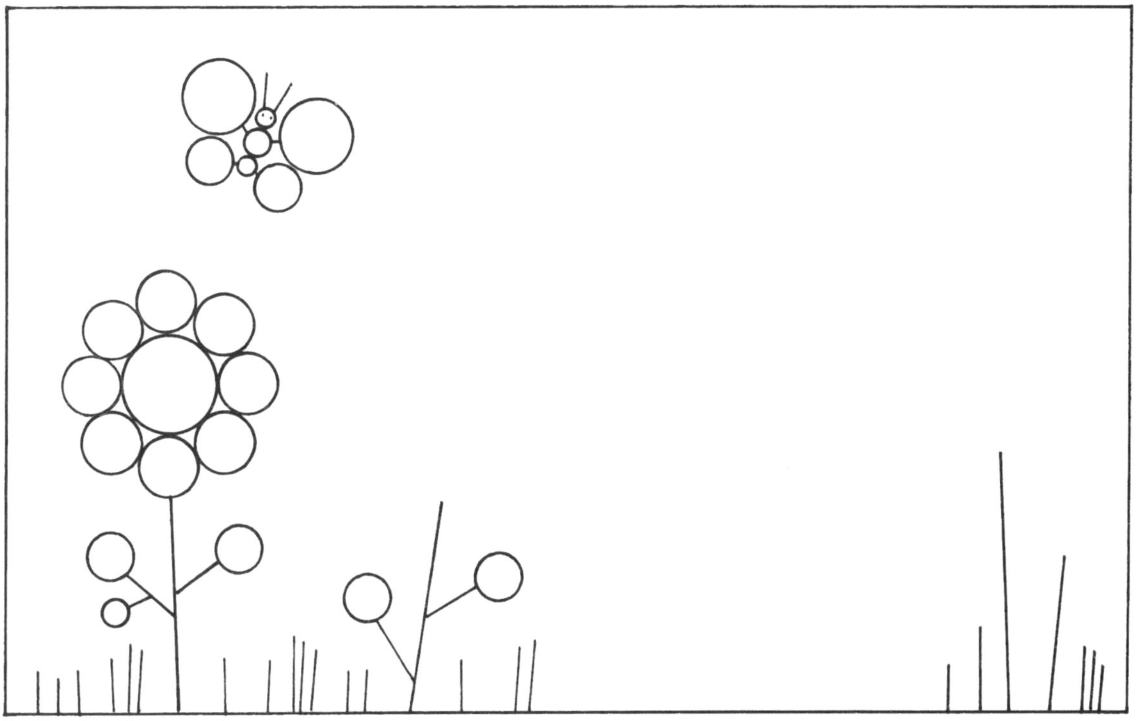

Was hat das Fahrrad?

Was fehlt am Fahrrad? Male es hinein.

- ☐ Hupe
- ☐ Motor
- ☐ Lampe
- ☐ Telefon
- ☐ Reifen
- ☐ Luftpumpe

- ☐ Pedale
- ☐ Wimpel
- ☐ Rad
- ☐ Sattel
- ☐ Hundeleine

Au
au

B
b

Male aus diesen Formen etwas.

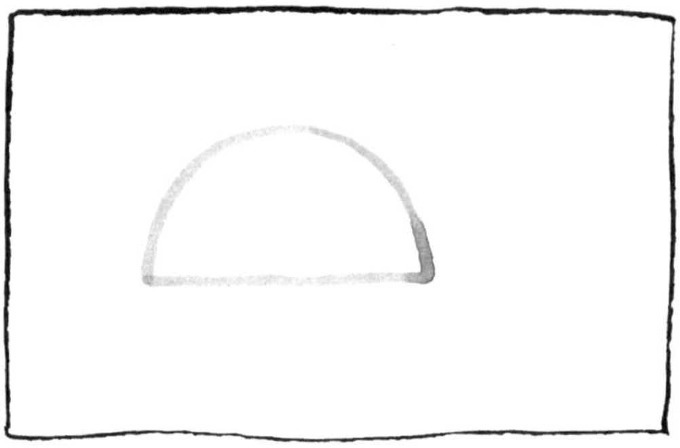

Das ist eine Maus mit lila Fell.

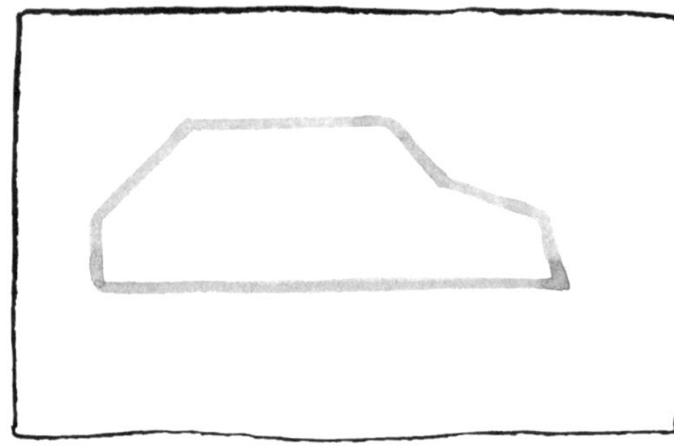

Hier rast ein weinrotes Auto.

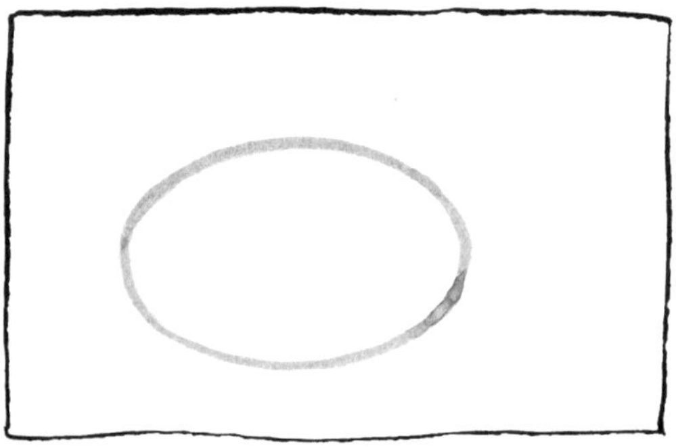

Daraus wird eine rosa Sau.

Sieh mal, ein altes Haus!

Reime mit. Male das Reimwort.

der Bube

die T______

die Hose

die D______

der Fall

der B______

das Tal

der W______

der Hund

der M______

das Band

die H______

ab Fibelseite 55

Im Laden sind Bonbons:
Eine Dose mit blauen Bonbons und
eine Dose mit roten Bonbons.
Im Laden sind 3 braune Brote und
4 Dosen mit Erbsen.
Der Laden hat Blaubeeren und
bunte Blumen.

Male mit 
einen Wasserball.
Wie sieht der Ball aus?
Er hat ein buntes Muster.
Oben und unten ist
er aber nur blau.

Das Auto ist bunt. Es hat blaue Reifen und rote Lampen.
Im Auto ist hinten ein Ball.
Der Mann im Auto hat Ferien. Er will nach Italien fahren.

K
k

ch

Mia ist noch klein.
Sie kann noch nicht lesen.
Ina und Nina wollen einkaufen.
Mia malt nun alles auf.

Male auch du:
- ein Brot
- drei Bananen
- eine Rolle Kekse
- sechs Kartoffeln

Rate mal!

Ich hopse.
Ich komme mit bunten Eiern.
Mein Name reimt sich auf: Nase.

Ich bin ein ______________

Male mich hier.
Du kannst auch mit  malen.

Ich bin klein.
Ich renne und piepse.
Mein Name reimt sich auf: Haus

Ich bin eine ______________

Male mich hier.
Malst du mich mit  ?

ab Fibelseite 59

Was wird das?

Male oben rechts in den Kreis
einen kleinen Kreis.
Male genau auf die andere Seite
noch so einen kleinen Kreis.
Male ein △
in die Mitte der Kreise.
Male darunter einen Mund.
Ist es ein Lachen oder Weinen?
Du kannst noch mehr daraus machen:
Male Haare, einen Hut, Wimpern …

Was kannst du?

Ich kann prima

- ☐ allein reiten.
- ☐ tief tauchen.
- ☐ leise lesen.
- ☐ Plus und Minus rechnen.
- ☐ mit Pinsel malen.
- ☐ mit Papa kochen.
- ☐ etwas einkaufen.
- ☐ laut lachen.
- ☐ Kuchen essen.

Male hier auf, was du toll kannst.

Sch
sch

Ö
ö

Ü
ü

Auf dem Tisch ist
eine Schale.
Die Schale ist blau.

In der Schale sind
rote Kirschen.

Was ist unter dem Tisch?
Male etwas.

Bald ist Romis Brüderchen da. Was wird es alles brauchen?

einen blauen Schnuller

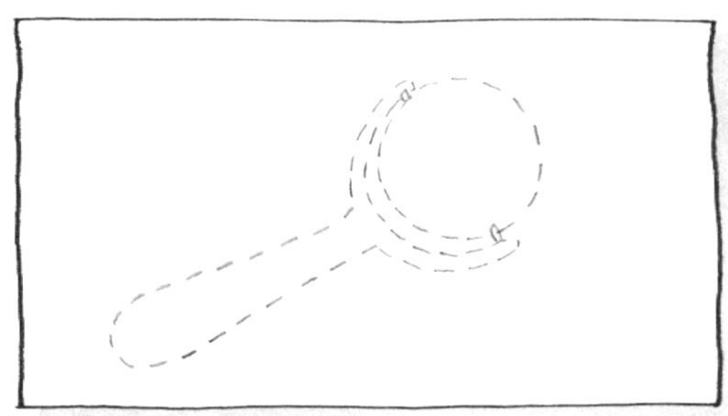

eine bunte Klapper

ein schönes, weiches Kissen
mit lila Blumen

Was ist noch schön für das
Brüderchen? Male es.

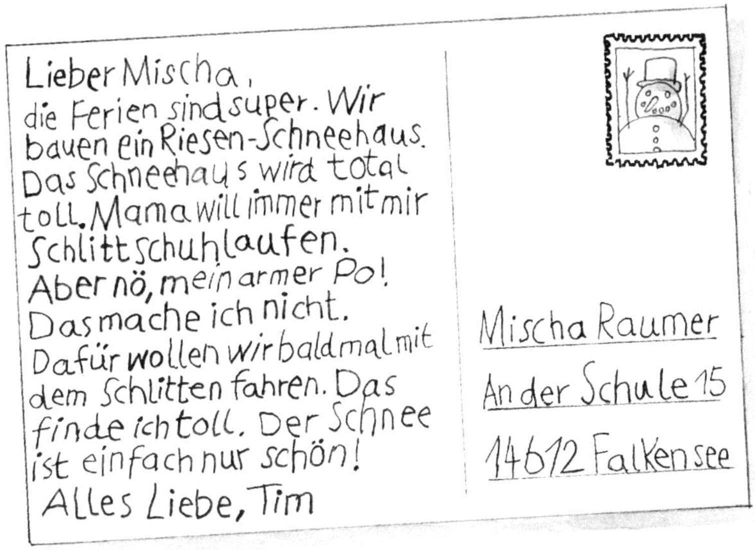
Lieber Mischa,
die Ferien sind super. Wir bauen ein Riesen-Schneehaus. Das Schneehaus wird total toll. Mama will immer mit mir Schlittschuhlaufen. Aber nö, mein armer Po! Das mache ich nicht. Dafür wollen wir bald mal mit dem Schlitten fahren. Das finde ich toll. Der Schnee ist einfach nur schön!
Alles Liebe, Tim

Mischa Raumer
An der Schule 15
14612 Falkensee

Was findet Tim besonders schön?
Male es hier mit deiner Schablone.

Was findet Tim doof?
Male es hier auf.

Male und kreuze alles an, was man essen kann.

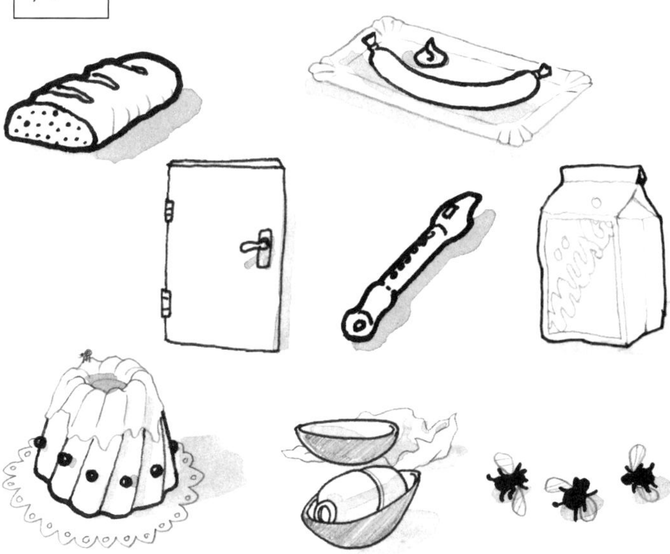

- ☐ eine Flöte
- ☐ Körner-Müsli
- ☐ einen Kuchen
- ☐ frisches Brot
- ☐ drei Fliegen
- ☐ ein Würstchen mit Senf
- ☐ ein Schokoladenei
- ☐ eine Tür

Male das ♡ immer rot aus.
Male das △ immer grün aus.
Male den ○ immer gelb aus.
Male das □ immer weiß aus.
Male den ☆ immer braun oder golden aus.

Weißt du, wie die Reihen richtig weiter gehen?

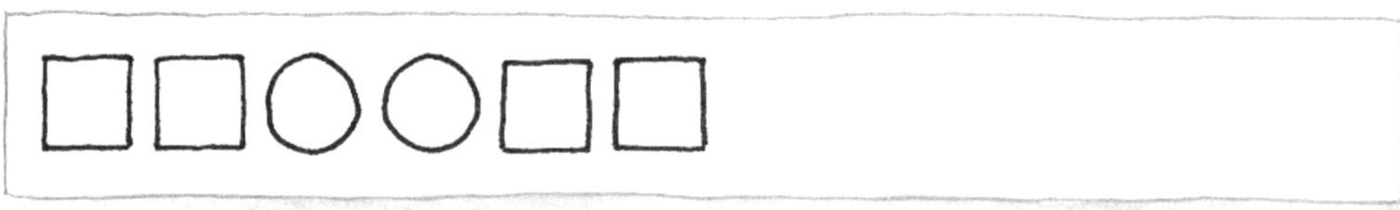

Male eine eigene schöne Reihe aus den Formen.

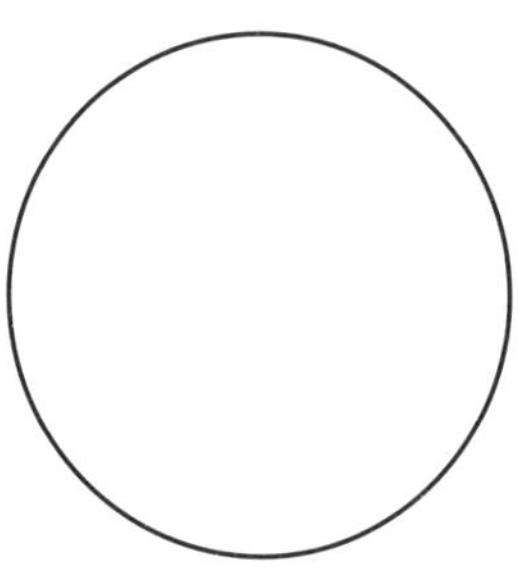

Weißt du, wie diese Form heißt?

☐ Es ist ein Ei.
☐ Es ist ein Kreis.
☐ Es ist eine Gerade.

ab Fibelseite 71

Das ist ein grüner Bagger
mit einer großen Schaufel.
In der Schaufel
ist gelber Sand.
Im Bagger ist
der Baggerführer,
er hat einen
weißen Bart.

Male nun dem König eine grüne Krone.
Er hat in seiner Hand einen Goldklumpen.
Male der Königin ein gelbes Krönchen.
Sie hat eine Kette um den Hals.
Der König hat braune Haut, die Königin ist dagegen weiß.
Überlege dir auch Namen für beide.

Der König heißt ________________.

Die Königin heißt ________________.

Male nun wieder mit deiner Schablone.

Male aus einem △
einen Vulkan.
Aus dem Vulkan kommt Feuer.

Wenn du das △ drehst,
sieht es fast aus wie ein V.
Male eine Vase mit Blumen.

Male Viktors neue Sachen:

Sein Pullover ist gelb.
Seine Hose ist grün.
Seine Turnschuhe sind blau-weiß.
Die Tasche ist auch blau.

Überall sind Vögel! Vati und Tim beobachten sie gern.

Die Tür des Vogelbauers ist offen.
Ein grün-gelber Wellensittich
fliegt im Raum umher.
Er freut sich wohl.

Ein Vogel hat einen Wurm
im Schnabel.
Die anderen Vögel fressen
heute viele Körner.

Mimi sieht vier Vögel auf dem Ast.
Ein Vogel ist eine Eule.
Alle Vögel sind scheu.
Mimi klettert den Baum hoch.

Dieser Vogel kann fliegen
und schwimmen.
Man sieht ihn auf Flüssen
und Seen.

Er ist ein ______________.

V v

Eu eu

ab Fibelseite 75

Z
z

J
j

Male mit der Schablone.

Der Zauberer hat
einen roten Zauberhut auf.

Sein Bart ist schwarz.

In der einen Hand
ist ein gelber Kasten.

In der anderen Hand
hat er seine Zauberkugel.

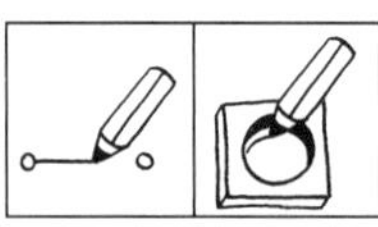

Verbinde und male aus.

Johanna isst gern
Jogurt mit Zimt.

Jeden Tag übt Paul
mit seinem neuen Jo-Jo.

Jan übt jede Woche
mit einem Freund Judo.

ab Fibelseite 79

Wort-Zauber

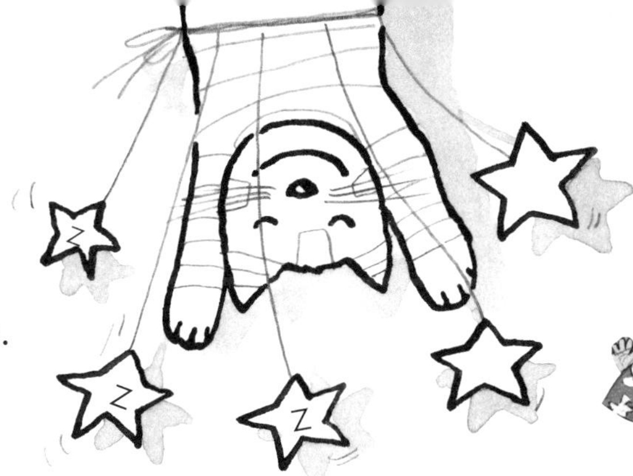

Z
z

Mit Wörtern kann man auch zaubern.
Zaubere Wörter mit **z** herbei.
Überlege, was du tun musst.

J
j

aus Fliege wird ______

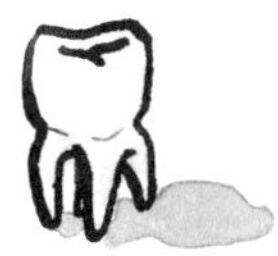

aus Bahn wird ______

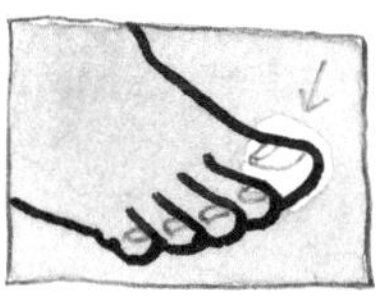

aus Reh wird ______

aus Geiger wird ______

aus Berg wird ______

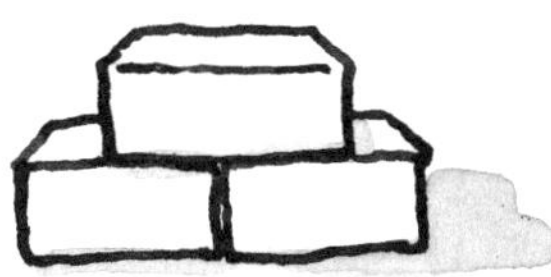

aus Tiegel wird ______

aus Welt wird ______

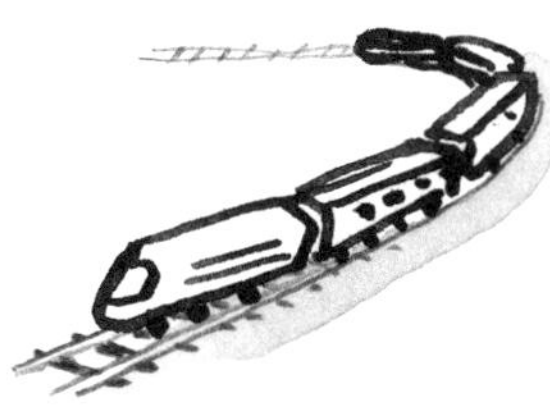

aus Krug wird ______

Kreuze die richtige Antwort an.

Jagt die Maus die Eule?	☐ ja	☐ nein
Hat das Jahr zwölf Monate?	☐ ja	☐ nein
Kommt der Juni nach dem Juli?	☐ ja	☐ nein

Wenn du willst, kannst du wieder mit Schablone malen.

Male einen goldenen Ring.

Male einen großen Käfer mit langen Fühlern.

Male eine dickes Buch.

Male eine lange Brücke.

Und nun male eine Katze mit schwarzer Tatze.

ab Fibelseite 87

Male weiter.

Ein Junge sitzt am Fluss.
Er hat eine schwarze Angel.
An der Angel zappelt
ein kleiner Fisch.

Ein Mädchen zieht
mit einer Zange nach und nach
alle Nägel aus einem Brett heraus.
Es sind vier lange Nägel.

Ein dicker, grüner Frosch
schnappt mit seiner roten
Zunge nach einer Fliege.
Er kann sie fangen.

Auf einer Brücke sitzen zwei Katzen.
Eine davon ist Mimi.
Sie will Mücken fangen.
Doch sie hat kein Glück.
Die Mücken sind schneller
und fliegen fort.

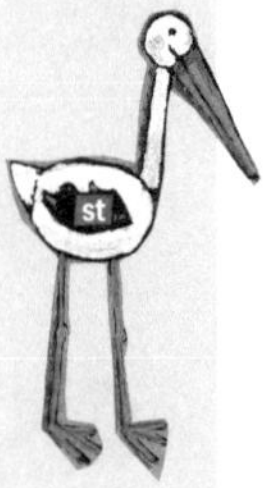

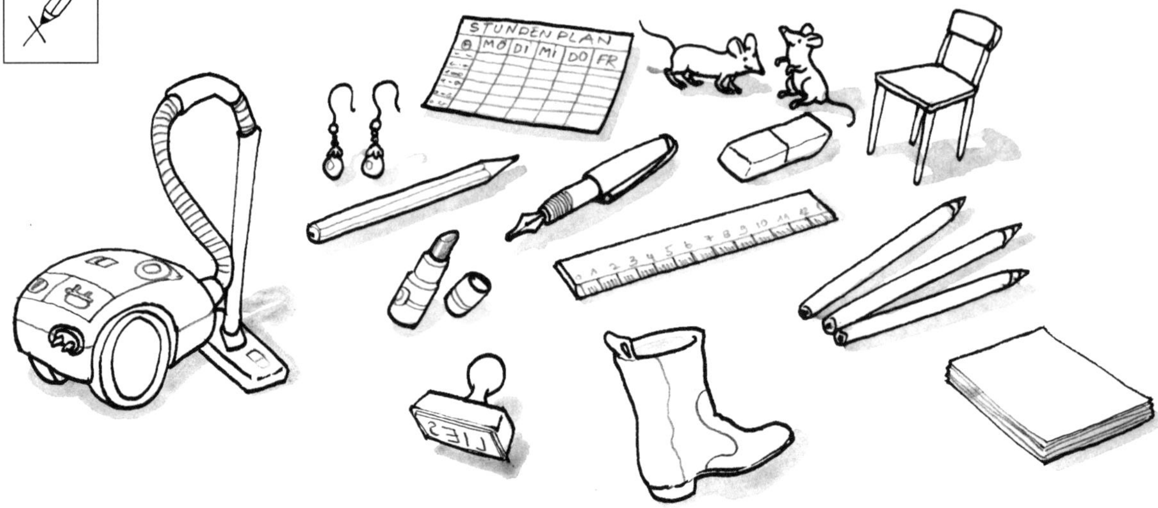

Was gehört in deine Federtasche?
Kreuze erst an.

- ☐ zwei Ohrringe
- ☐ zwei Bleistifte
- ☐ drei Mäuse
- ☐ ein Stundenplan
- ☐ ein Lippenstift
- ☐ ein Füller
- ☐ ein Lineal
- ☐ viele Buntstifte
- ☐ ein Stuhl
- ☐ ein Radiergummi
- ☐ ein Paar Stiefel
- ☐ ein Stapel Papier
- ☐ ein Stempel
- ☐ ein Staubsauger

Nun male es.
Fehlt noch etwas? Dann male auch das noch dazu.

Male ein Einhorn.

Auf seiner Stirn ist
ein langes Horn.
Darunter ist im Fell ein
kleiner, gelber Stern.
Es hat eine lockige,
gelbe Mähne und einen
langen Schweif.
Sein Fell ist gräulich.
Am Rücken sind zwei
Flügel.
Im Hintergrund stehen
zwei Bäume.
Auf dem Boden liegen
drei Steine.

Reime mit. Male nur das Reimwort. Male es mit Schablone.

das Bein
der St ______

zwei Räume
zwei B ______

der Knall
der St ______

das Mäuschen
das H ______

der Rock
der St ______

zwei Schläuche
zwei B ______

Sp
sp

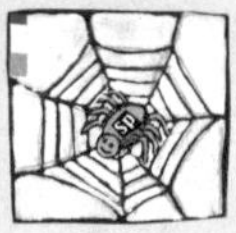

nk

Pf
pf

Lies das Gedicht.
Male nur die Speisen und Getränke an,
die in dem Gedicht stehen.

Ein Fest

„Wir feiern heut ein Fest, juchhei!“,
sprach der Papagei.

„Was werden wir speisen?“,
fragten die Meisen.
„Strudel!“, sprach der Pudel.
„Spiegeleier!“, sprach der Geier.

„Was werden wir trinken?“,
fragten die Finken.

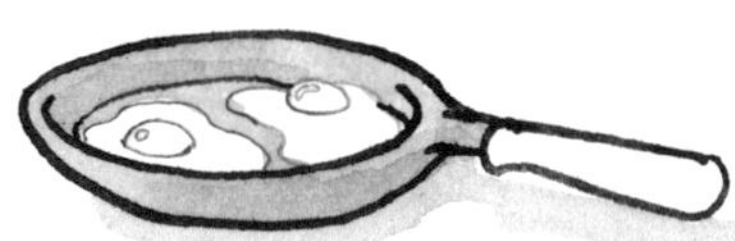

„Bier!“, sprach der Stier.
„Nein, Wein!“, sprach das Schwein.

„Wir feiern alle froh!“, meinte
zum Schluss der Floh.

Male weiter.

In diesem Topf steht
eine grüne Zimmerpflanze
mit großen Blättern.
An der Spitze hat sie
zwei gelbe Blüten.

Mit ihrem Vati hat Karina vor
einigen Wochen
Pfefferminze gesät.
Heute zählt sie schon
fünfzehn hellgrüne Spitzen.

Inga mag Pferde.
Gern reitet sie mit diesem
schwarz-weiß gefleckten
Pferd. Es hat eine schwarze
Mähne und einen ganz
langen Schwanz.

Björn übt einmal
in der Woche mit Pfeil und
Bogen. Heute hat er Glück.
Der Pfeil trifft genau die Zehn.
Das sind zehn Punkte für ihn.

Qu
qu

X
x

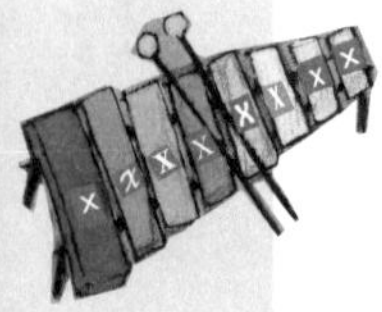

Zeichne zwei große Quadrate.
Zeichne in das erste Quadrat eine Qualle.
Zeichne in das zweite Quadrat einen Quirl.

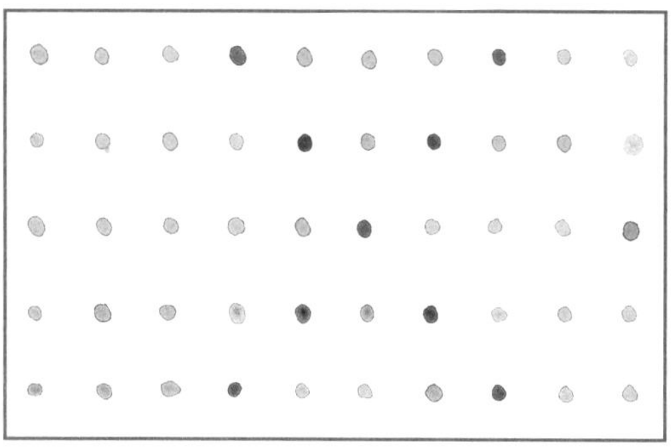

Verbinde die Punkte so,
dass ein X entsteht.

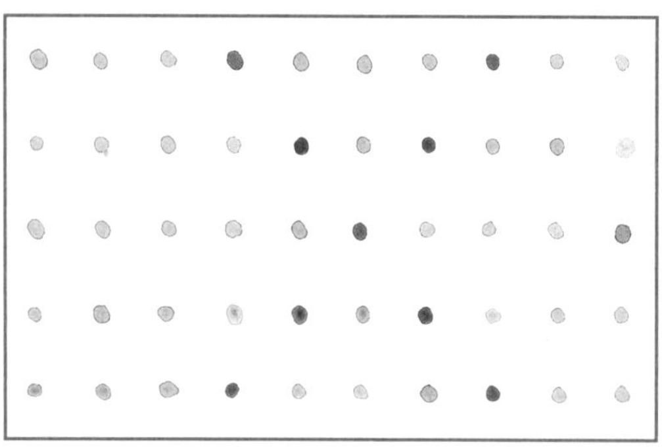

Male auch hier ein X.
Verbinde die oberen Punkte vom X
von links nach rechts.
Verbinde die unteren Punkte ebenso.
Jetzt ist es eine Sanduhr.

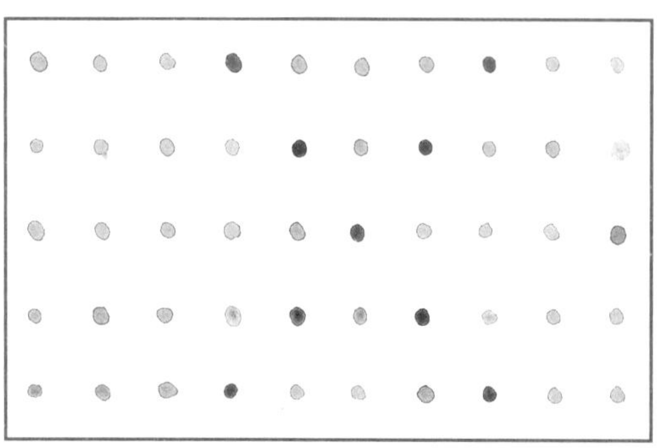

Verbinde nun die seitlichen Punkte
vom X von oben nach unten.
Jetzt ist es eine Fliege für den Hals.

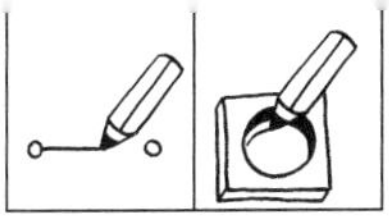

Rate und verbinde.

Was ist das für ein Buch,
in dem man Wörter
nachschlagen kann?

Wer schwimmt in der Ostsee
so zart und leicht?

Was ist das für ein Werkzeug,
mit dem man Holz spalten
kann?

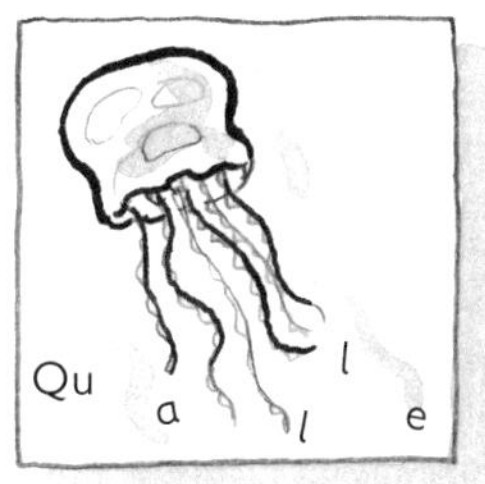

Was kommt aus dem
Schornstein ganz grau
oder schwarz?

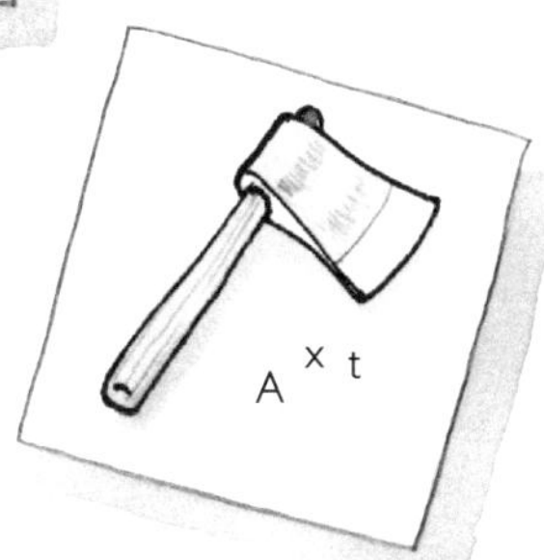

Was macht stark und gesund?

Was entsteht aus dem Laich
der Frösche?

Was machen alle gern?

Was ist das für eine böse Frau,
die im Märchen vorkommt?

C
c

chs

Y
y

Was ist es? Kreuze an.

Die Sechs ist

- [ ] ein Buchstabe.
- [ ] eine Zahl.

Der Fuchs ist

- [ ] ein Tier mit rotem Fell.
- [ ] ein Fisch mit roten Schuppen.

Zu Besuch im Labyrinth

Ein Labyrinth ist ein Irrgarten.
Mimi will erst den Yoga-Mann besuchen.
Dann möchte sie das Yak und dann die Babypuppe ansehen.
Zum Schluss will sie beim Teddy sein.

Zeichne ihren Weg.

ab Fibelseite 109

C
c

chs
Y
y

Der bunte Hund

Ein Maler hatte einen weißen Hund.
Der Hund hieß Olly. Der Maler liebte seinen Hund sehr.
Aber Olly war mit seiner weißen Farbe unzufrieden.

Und so malte der Maler den Hund rot an.
Als die anderen Hunde ihn sahen, riefen sie:
„Du bist rot wie der Fuchs.
Fuchs-Hund, Fuchs-Hund!“

Da wollte der Hund Olly lieber blau sein.
Und der Maler malte Olly blau an.
Als die anderen Hunde ihn nun sahen,
lachten sie: „Du bist blau wie eine Pflaume.
Pflaumen-Hund. Pflaumen-Hund.“

Da wollte der Hund grün sein.
Und der Maler malte ihn ganz grün an.
Da spotteten die anderen Hunde:
„Du bist grün wie ein Salat-Kopf! Salat-Kopf!“

Nun ging der Hund zum Maler und weinte.
Der sprach: „Man kann es nicht allen Hunden
recht machen. Ich male dich bunt an und für
mich bist du der schönste Hund der Welt.“
So malte der Maler den Hund rot, blau, gelb
und grün an.

Würfelspiel

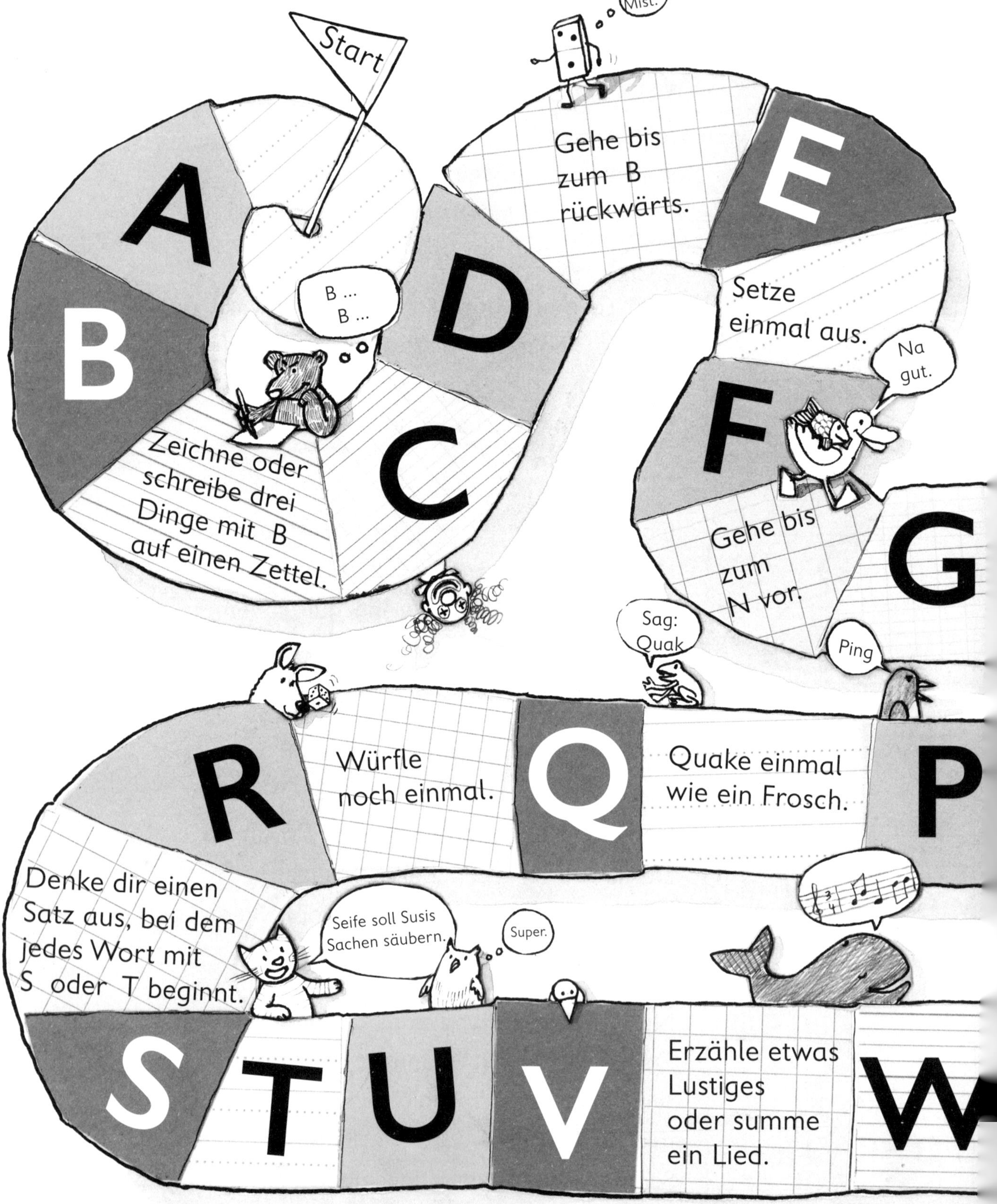

ab Fibelseite 109: Mitbringen von Spielfiguren und Würfeln, partnerweises Spielen